# Il Mio Primo Libro Sull'Hadith

**Spiegare Ai Bambini Il Profeta Maometto, l'Etichetta e Le Buone Maniere**

**di** The Sincere Seeker Kids Collection

A causa della sua Misericordia e del suo Amore per noi, il nostro Dio, Allah, ci ha inviato molti Messaggeri e Profeti per insegnarci molte cose su di Lui e sullo scopo delle nostre vite. Noi che seguiamo gli insegnamenti di Allah nella religione dell'Islam ci chiamiamo Musulmani. Ai Musulmani viene insegnato che nessuno deve essere adorato, eccetto per il nostro Dio Allah, il Creatore dei Cieli e della Terra, il Creatore di te e di me. L'ultimo Profeta che Allah ci ha inviato è stato il Profeta Maometto La Pace Sia Su Di Lui.

Il Profeta Maometto La Pace Sia Su Di Lui è nato a La Mecca. Quando aveva 40 anni, durante il mese di Ramadan, il nono mese del calendario islamico, ha visitato una grotta sul monte Hira da solo per meditare e pensare alla vita e a questo universo. Mentre stava meditando, un Angelo chiamato Gabriele è entrato nella caverna, spaventando il Profeta Maometto La Pace Sia Su Di Lui. Ma l'Angelo lo ha abbracciato strettamente e gli ha ordinato di leggere il Sacro Corano, che veniva da Allah, tre volte. Il Profeta Maometto La Pace Sia Su Di Lui disse "Io non so leggere". Quindi, l'angelo Gabriele lesse per lui il primo Verso del Sacro Corano. Il Profeta Maometto La Pace Sia Su Di Lui era ancora molto spaventato e corse verso casa da sua moglie, e le chiese di coprirlo. Raccontò a sua moglie, Khadijah, cosa era successo. Lei lo tranquillizzò e gli disse "il nostro Dio Allah non ti umilierebbe mai, perché sei buono con la tua famiglia e aiuti le persone povere e in difficoltà". Dopodiché, Allah inviò il Sacro Corano pezzo dopo pezzo al Profeta Maometto, attraverso l'Angelo Gabriele, durante i successivi 23 anni.

Il Sacro Corano oche il nostro Dio Allah ci ha inviato è il Libro più importante dell'Islam, scritto con le esatte parole pronunciate da Allah. Ci ha inviato questo libro per guidarci a Lui, costruire un rapport con Lui, e insegnarci ad amarLo. Il Sacro Corano ci insegna tutto ciò che dobbiamo sapere per vivere una vita buona e sana. Il Sacro Corano ci insegna cosa è buono per la nostra vita. Ci insegna anche cosa è sbagliato e dannoso nella vita, e cosa non dovremmo fare.

Dopo che il Profeta Maometto La Pace Sia Su Di Lui ha ricevuto il Sacro Corano da Allah, ha passato il resto della sua vita spiegando e vivendo il Sacro Corano e gli insegnamenti Islamici ai suoi amici, chiamati i compagni. Quando il Profeta Maometto La Pace Sia Su Di Lui insegnava ai suoi amici, loro trascrivevano le sue frasi, le sue azioni e le sue volontà. Tutte le cose scritte dai suoi amici sono state riunite nell'"Hadith", che significa discorso, resoconto, o notizia. L'Hadith è composto dai detti che il Profeta Maometto ha detto, fatto, o approvato. L'Hadith ci aiuta a capire e rispondere alle domande sulla nostra religione Islamica, e ci spiega il Sacro Corano nel dettaglio.

Al contrario del Sacro Corano, l'Hadith non contiene le parole di Allah, ma le parole e le azioni dell'ultimo Profeta di Allah, Maometto La Pace Sia Su Di Lui, che Allah ci ha inviato per insegnarci tutto quello di cui abbiamo bisogno per vivere una bella vita.

Il Profeta Maometto La Pace Sia Su Di Lui è stato inviato per guidarci verso il nostro Dio Allah, il nostro Creatore. Quindi, il Profeta Maometto La Pace Sia Su Di Lui, ha capito il Sacro Corano, ha amato il Sacro Corano, e ha vissuto la sua vita basandosi sugli insegnamenti del Sacro Corano.

Il Profeta Maometto La Pace Sia Su Di Lui è il modello che Allah ha inviato a chiunque in questo mondo per vivere come lui, copiarlo e seguirlo. Allah lo ha inviato come un esempio di come dovremmo vivere la nostra vita. Allah ci ha obbligati a seguire il Suo Profeta, Maometto La Pace Sia Su Di Lui, quindi seguire il Profeta Maometto La Pace Sia Su Di Lui significa seguire ed essere obbedienti ad Allah, il nostro Creatore.

Le azioni e le abitudini del Profeta Maometto si chiamano "Sunnah", che significa "abitudine" o "il modo". Se facciamo le cose stavilite nella Sunnah, copiamo qualsiasi cosa il Profeta abbia detto, fatto, o approvato. La Sunnah aiuta noi Musulmani a copiare e seguire la Fede, il comportamento, l'attitudine, la pazienza, la compassione, e la virtuosità del Profeta Maometto. Noi Musulmani proviamo anche a copiare qualsiasi cosa il Profeta abbia fatto, compresi il modo in cui mangiava e beveva, la posizione in cui dormiva, il modo in cui si comportava e interagiva con gli altri, e altre cose.

Allah ci ha inviato una guida tramite l'Hadith per vivere la nostra vita nel miglior modo possibile. Allah ed il Profeta Maometto ci amano tantissimo e desiderano il meglio per noi. Tutto ciò che Allah e il Profeta Maometto ci hanno detto di fare o di non fare è solo per il nostro bene, quindi dovremmo ascoltarli per il bene di noi stessi.

# Sincerità

Un modo eccellente per iniziare a capire l'Hadith è imparare la sincerità. Questo Hadith sulla sincerità ci insegna che ciò che facciamo nelle nostre vite è giudicato e ricompensato in base alle nostre intenzioni. Fare delle cose con la giusta intenzione si chiama sincerità. Le buone intenzioni e la sincerità provengono dal cuore. Se compiamo una buona azione per soddisfare il nostro Dio Allah e la facciamo per un buon motivo, saremo ricompensati da Allah. Un musulmano può avere diverse buone intenzioni quando compie una buona azione. Ad esempio, un Musulmano può compiere una buona azione per soddisfare Allah e rendersi umile, e sarà ricompensato o ricompensata con altre buone azioni! Dovremmo sempre ascoltare ciò che ci dice il nostro cuore per assicurarci di compiere buone azioni per soddisfare Allah. Dovremmo anche compiere buone azioni in privato, anche se gli altri non possono vederci, ma solo Allah può.

# Esibizionismo

L'esibizionismo è l'opposto della sincerità. Se qualcuno fa qualcosa con la cattiva intenzione di mostrarsi agli altri e impressionarli, non sarà ricompensato. Quando compiamo una buona azione, dovremmo farla con sincerità e solo per amore di Allah, non per dimostrare qualcosa agli altri o per cercare lodi o denaro. Quindi, la prossima volta che compi una buona azione, fermata e pensa perchè lo stai facendo. I motivi che ti spingono a compierla sono sinceri, o lo stai facendo per impressionare qualcuno o forse vantarti? Siamo incoraggiati a rimanere umili e non vantarci. Allah ama le persone umili. Dovremmo sempre soddisfare Allah, e non vantarci.

# Buone Maniere e Bel Carattere

Ogni musulmano deve avere delle buone maniere e un bel carattere. È molto importante nella nostra religione Islamica. Il nostro Profeta Maometto La Pace Sia Su Di Lui aveva delle ottime maniere e un buon carattere. Trattava sempre le persone che lo circondavano con il massimo rispetto, e gli diceva solo cose belle.

Per avere delle buone maniere, i Musulmani devono essere amichevoli e gentili con tutte le persone. I Musulmani devono essere gentili soprattutto con i propri genitori. I Musulmani devono dire belle parole, dire la verità, non mentire, mantenere le promesse, non fare del male a nessuno, e non insultare nessuno. Devono trattare le persone in modo equo, pensare solo cose belle riguardo gli altri, non accusare le persone di fare cose sbagliate o cattive, non prendere niente con sia loro, non prendere in giro gli altri, e non litigare. I Musulmani non devono essere scortesi o maleducati, e devono abbassare il tono di voce e parlare piano, non arrabbiarsi, e non spettegolare. Devono perdonare gli altri, così che Allah possa perdonare loro. Devono essere pazienti, delicate, umili e allegri, e dovrebbero sorridere sempre.

La cosa migliore che una persona può avere sono le buone maniere — è meglio che avere molti soldi e una casa grande. Avere delle buone maniere significa avere Fede. Nel Giorno Del Giudizio, non ci sarà niente di più grave delle buone maniere sulla scala delle buone azioni. Allah è bello e ama la bellezza. Allah ama le persone con delle buone maniere. Non ama le persone con delle cattive maniere. Oltre ad avere Fede e dire "Non c'è divinità che vale la pena adorare, eccetto per Allah", il modo più facile per arrivare in Paradiso è avere buone maniere. Il modo migliore per sapere se hai delle buone maniere è vedere in che modo tratti la tua famiglia. Il nostro Profeta ha detto che le persone migliori sono quelle che si comportano al meglio con la propria famiglia.

# Essere Buoni Con I Propri Genitori

Prima che il nostro Dio, Allah, ci ordinasse di pregare, digiunare, dare la zakat, e compiere l'Hajj, ci ha ordinato di adorare solo Lui e nessun altro, ed essere buoni con i nostri genitori. Allah ha detto che dobbiamo essere buoni con i nostri genitori subito dopo averci ordinato di non adorare nessuno oltre a lui, per dimostrare quanto sia importante per lui comportarsi bene con i propri genitori.

I nostri genitori ci amano tanto e si sono sacrificati molto per noi, e non potremo mai ripagarli per quello che hanno fatto per noi. Meritano tanto rispetto da parte nostra. Dobbiamo amarli, onorarli, obbedire a loro e servirli per il resto della nostra vita. Non sarà facile, e richiederà molto sforzo e pazienza.

Dobbiamo fare attenzione a non far notare ai nostri genitori che siamo infastiditi, anche solo dicendo "uff" in loro presenza. Dovremmo amarli, pregare per loro, rispettarli, essere gentili nei loro confronti, ascoltarli, e non fare cose che potrebbero farli arrabbiare. Dovremmo servirli e ringraziarli spesso. Non dovremmo chiamarli per nome, non dovremmo camminare davanti loro o sederci prima di loro. Dovremmo alzarci in piedi quando entrano nella stanza dove ci troviamo, e baciarli spesso sulla fronte.

Essere buoni con i nostri genitori giova anche noi. Allah risponde alle preghiere dei genitori per i loro figli. Essere buoni con i nostri genitori ci fa guadagnare il consenso di Allah, e far arrabbiare i nostri genitori fa arrabbiare Allah con noi. Essere buoni con i nostri genitori è il modo più semplice per arrivare in Paradiso, poiché il Paradiso si trova ai piedi di nostra madre. Disobbedire e non rispettare i propri genitori è un grave peccato.

# Ricordare Allah

In quanto Musulmani dovremmo ricordare e ringraziare Allah in qualsiasi momento, da quando ci svegliamo la mattina a quando andiamo a dormire. Il Sacro Corano e la Sunnah ci ricordano spesso di quanto sia importante ricordare, lodare e glorificare Allah, l'Onnipotente, il nostro Cratore, con i nostri cuori e le nostre lingue. La nostra Fede è legata al ricordo e alla lode di Allah. Più pensiamo ad Allah, più crescerà la nostra Fede. In quanto Umani, più amiamo qualcuno, più pensiamo a lui o lei. Dovremmo pensare spesso ad Allah, così che il nostro amore per lui possa crescere. Più pensiamo ad Allah, più Lui pensa a noi. Annuncia il nostro nome nei luoghi più alti. Noi siamo nei ricordi di Allah quando Preghiamo, recitiamo il Corano, e lo adoriamo in altri modi. Chi si ricorderà spesso di Allah vivrà una vita Bellissima, e chi non ricorderà Allah non vivrà una bella vita.

## Salutare Gli Altri con 'Assalamu Alaikum'

"Assalamu Alaikum" è un saluto e una preghiera, e signifca "Che La Pace Di Dio Sia Con Voi." Dopo che il nostro Dio Allah ha creato Adam La Pace Sia Su Di Lui, il primo essere umano, Allah gli ha detto di camminare verso un gruppo di Angeli e salutarli con "Assalamu Alaikum." Allah ha chiesto ad Adam di memorizzare la risposta degli Angeli, per renderla il suo saluto ed il saluto dei Musulmani fino al Giorno del Giudizio. Questo saluto è stata la prima frase che Allah ha insegnato ad Adam La Pace Sia Su Di Lui. È un salute che viene direttamente dal Paradiso.

Il Profeta Maometto La Pace Sia Su Di Lui ha detto che le persone non possono entrare in Paradiso finché non credono, e non possono credere finché non si amano a vicenda. Dovrei dirvi come amarvi a vicenda? Diffondete il Salaam. Salutate gli altri con "Assalamu Alaikum" per diffondere l'amore. Ogni volta che salutate gli altri con "Assalamu Alaikum", venite ricompensati da Allah.

Quando qualcuno ti saluta con "Assalamu Alaikum," dovresti rispondere con qualcosa di meglio o almeno qualcosa di simile, più lunga è la risposta, meglio è. Quindi, rispondi con "Alaikum Salam Wa Rahmatu Allah," ovvero "e possano la pace e la misericordia di Allah essere con te". Se un Musulmano incontra un altro musulmano e offre il Salaam mentre si stringono le mani, i suoi peccati cadono come foglie da un albero.

Quando entri in una casa o in un altro luogo, dovresti salutare con il Salaam, anche se non c'è nessuno. Stai diffondendo il Salaam su di te, e in casa potrebbero esserci degli Angeli che non puoi vedere. Colui che sta camminando o correndo dovrebbe dire il Salaam a colui che è seduto. Dovresti dire il Salaam anche quando stai uscendo.

## Sorridere agli Altri

In quanto Musulmani, dovremmo cercare di lavorare sul nostro aspetto. Il Profeta Maometto Che La Pace Sia Con Lui sorrideva sempre. Non solo dovresti sorridere agli altri, ma dovresti provare a far sorridere i tuoi fratelli e le tue sorelle portandogli gioia, perché per il nostro Dio Allah è una delle cose migliori che tu possa fare. Sorridere rinforza la fratellanza, ed è contagioso.

## Onorare Gli Ospiti

L'Islam insegna ai Musulmani che dobbiamo onorare i nostri ospiti ed essere generosi. Se lo facciamo, saremo ricompensati. I nostri ospiti dovrebbero essere accolti con il Salaam e con un sorriso accogliente sul nostro viso. Dobbiamo trattarli con gentilezza, intrattenerli e farli sentire a loro agio. Dovremo offrirgli cibo e bevande in fretta, così che non debbano chiedere nulla. Alla fine, quando li salutiamo, dovremmo farlo in modo rispettoso.

# Essere Grati e Dire "Grazie"

Il Nostro Dio Allah ci ha riservato così tante benedizioni e favori che è impossibile contarli tutti. Il nostro Profeta Maometto La Pace Sia Su Di Lui ci ha insegnato a non guardare le persone che hanno più denaro o una posizione sociale migliore di noi perché potremmo diventare ingrati e non apprezzare tutte le benedizioni e i favori che Allah ha fatto per noi. Al contrario, dovremmo confrontarci con chi ha meno di noi, così da riconoscere tutto quello che Allah ci ha riservato e diventare più riconoscenti.

La gratitudine può rinforzare la nostra Fede, renderci più virtuosi, e avvicinarci ad Allah. La gratitudine è la chiave per le ricompense e il piacere di Allah. Essere grati aumenterà anche le nostre benedizioni e i nostri favori. Più siamo grati, più cose ci darà Allah.

Dovremmo essere grati nei nostri cuori, e dovremmo mostrarlo con la nostra lingua quando parliamo. Dovremmo acquisire l'abitudine di ringraziare sempre Allah per cosa ci ha dato dicendo "Alhamdulillah," che significa "la grazia sia resa ad Allah." Dovremmo anche dire altre parole di apprezzamento ad Allah, ai nostri genitori, e a coloro che ci aiutano o che meritano i nostri ringraziamenti.

Il Profeta Maometto La Pace Sia Su Di Lui ci ha insegnato che quando sentiamo una buona notizia, se è qualcosa che abbiamo acquisito o qualche cattiveria che abbiamo evitato, dovremmo inginocchiarci davanti ad Allah per mostrare la nostra gratitudine e il nostro apprezzamento. Il Profeta Maometto La Pace Sia Su Di Lui lo faceva. Non devi rivolgerti verso il Qibla e non devi trovarti in Wudu per inginocchiarti in sujood. Dovremmo anche esprimere la nostra gratitudine attraverso delle buone azioni. Un modo eccellente per dimostrare il nostro apprezzamento ad Allah è obbedendo a Lui e pregare a Lui. Un altro modo per mostare la gratitudine ad Allah è avere pazienza durante i momenti complicati, che sono solitamente una prova di Allah per vedere se siamo grati anche durante i momenti difficili.

## Essere Generosi Verso Gli Altri

Possiamo mostrare apprezzamento anche dando un po' di ciò che abbiamo agli altri. Puoi farlo in diversi modi: donando denaro, cibo, vestiti, giocattoli, un po' del tuo tempo, aiutando una persona anziana con le buste della spesa, rimuovendo un oggetto dalla strada, sorridendo, parlando in modo gentile agli altri, e così via. La generosità proviene dal tuo cuore. Essere generosi porta molti benefici e ricompense: aumenta la tua Fede, ti avvicina ad Allah, aumenta le tue benedizioni e i favori da Allah, e Allah, in cambio, rimuoverà gli ostacoli e le difficoltà dalla tua vita.

## Volere Il Meglio Per Gli Altri

Un Musulmano dovrebbe volere il meglio per i suoi fratelli e le sue sorelle, come lo vuole per se stesso. Questa è una qualità essenziale della Fede, e richiede l'assenza di gelosia, invidia, o odio per un fratello o una sorella. Dovremmo anche non evidenziare i difetti o gli sbagli degli altri in pubblico.

## Aiutare Gli Altri

Il nostro Dio Allah continuerà ad aiutarti se aiuti i tuoi fratelli e le tute sorele. Se aiuti qualcuno in difficoltà e rendi più facile la sua situazione, Allah faciliterà la tua vita in questo mondo e nell'Aldilà.

# Galateo a Tavola (Parte 1)

Se amiamo il Profeta Maometto La Pace Sia Su Di Lui, dobbiamo voler seguire lui e i suoi insegnamenti. Il Profeta maometto La Pace Sia Su Di Lui ha ricevuto le istruzioni per tutti gli aspetti del nostro modo di vivere, compreso il galato per mangiare e bere. Seguuire la Sunnah del Profeta Maometto La Pace Sia Su Di Lui porta a moltissimi benefici.

**Prima di Mangiare:**

- Assicurati che quello che stai per mangiare sia stato preparato in modo halal (consentito) e non haram.
- Possiamo consumare solo cibo halal, e non possiamo consumare cibo haram come il maiale, o bere l'alcool.
- Se hai ospiti, offrigli del cibo. Se sei un ospite, accetta velocemente il cibo dal padrone di casa, così da non ferire i suoi sentimenti. k
- Laval e mani prima di mangiare per rimuovere germi, batteri e altre impurità.
- Menziona il nome di Allah prima di mangiare dicendo 'Bismillah' ("nel nome di Allah"). Si consiglia di dire altri dua prima di mangiare. Se dimentichi di menzionare il nome di Allah prima di mangiare, puoi dire "Bismillah Awwalahu Wa Akhirahu' ("nel nome di Allah all'inizio e alla fine") non appena ti ricordi.

# Mentre Stai Mangiando (Parte 2)

**Mentre Stai Mangiando e Dopo:**
- Mangia e bevi solo con la mano destra, e non con la sinistra. Tieni le posate solo con la mano destra. Il diavolo mangia con la mano sinistra.
- Mangia e bevi sedendo con le ginocchia piegate o le gambe incrociate. Siedi composto, senza appoggiarti all'indietro o sul tavolo mentre mangi o bevi.
- Mangia quello che è più vicino a te e si trova davanti a te, invece di lasciare che la tua mano viaggi per tutto il piatto.
- Mangia dal bordo del piatto invece che partendo dal centro, perché la benedizione scorre verso l'esterno a partire dal centro del piatto.
- Evita di bere da una brocca o da una bottiglia. Bevi solo dal bicchiere.
- Fai tre sorsi della tua bevanda. Non berla tutta insieme. Evita di respirare nel tuo bicchiere ed evita di soffiarci dentro. Non bere rumorosamente la tua bevanda o la tua zuppa.
- Mangia lentamente, senza affrettarti. Mastica bene con la bocca chiusa. Non riempirti troppo la bocca. Non parlare mentre mangi.
- Non dire niente di cattivo riguardo il cibo. Fai dei complimenti quando mangi qualcosa che ti piace.
- È meglio condividere il cibo con gli altri e mangiare da un piatto comune, piuttosto che mangiare da piatti separati.
- Mangia con tre dita, a meno che non siano necessarie più dita, e lecca le tue dita una per una dopo aver finito il cibo.
- Se un pezzo di cibo cade per sbaglio a terra mentre sei a casa, raccoglilo e rimuovi la sporcizia prima di mangiarlo. Lasciarlo a terra alimenterebbe il diavolo.
- Mangia in moderazione, e non mangiare troppo. Riempi la tua pancia con un terzo di cibo, un terzo di bevande, e un terzo di aria. Molte malattie sono causate dal mangiare troppo.
- Assicurati di aver finito tutto sul tuo piatto, perché non sai in quale parte del tuo piatto si trovano le benedizioni. Non sprecare il cibo.
- Ringrazia e adora Allah dopo aver finito di mangiare dicendo "Alhamdulillah", e recita altri dua.
- Lava le tue mani e fai dei gargarismi con l'acqua.

# La Sunnah del Sonno

Il Sonno è una grande benedizione che il nostro Dio Allah ci ha dato per riposarci e rinfrescare la nostra mente, il nostro corpo, e il nostro spirito. Una mancanza di sonno può portare a dolori, malessere, e altre malattie. Esistono alcune Sunnah e regole che il Profeta Maometto La Pace Sia Su Di Lui ci ha insegnato per dormire religiosamente e in pace.

- Non si dovrebbe dormire prima della preghiera Isha. Dopo la preghiera Isha, non ci dovrebbero essere discussioni lunghe, e si consiglia di dormire subito dopo.
- Pulisci il tuo letto con il bordo di un indumento per tre volte.
- Pulisci e lavati i denti con uno spazzolino, e usa un Miswaak.
- Fai del wudu per dormire nella purificazione.
- Spegni tutte le luci, chiudi tutte le porte e chiudi qualsiasi contenitore pieno di cibo. Più buia è la stanza, minori possibilità avrai di avere un sonno disturbato.
- Dormi verso la Qibla, se possibile.
- Dormi sul fianco destroy, e non sul fianco sinistro o sulla pancia. Posiziona la mano destra sotto la tua guancia destra, e dormi tenendo le ginocchia leggermente piegate.
- Recita il dua prima di dormire: "O Allah (SWT)! Con il tuo nome, io muoio, e io vivo".
- Recita i tre Surah corti, Al-Ikhlaas, Al-Falaq, e Al-Naas, poi posiziona le mani a ciotola, e soffia al loro interno. Poi passa le mani sul tuo corpo intero per tre volte, partendo dalla testa, dal viso, e dalla parte anteriore del tuo corpo.
- Leggi Surah Al-Mulk e gli ultimi due versi del Surah Baqarah prima di andare a dormire.
- Leggi Ayat Al-Kursi per proteggerti dal diavolo.
- Recita "Subhan Allah and Alhamadillah" 33 volte e poi "Allahu Akbar" 34 volte.
- Quando ti svegli, pronuncia il dua mattutino: "lode a Dio che ci ha ridato la vita dopo aver causato la nostra morte, e a Lui la resurrezione."

# Buona Igiene Personale

L'Islam incoraggia e dà molta importanza alla pulizia di cuore, mente, anima, e corpo. Il nostro Dio Allah ama chi è pulito e si purifica. Quindi, rimanere puliti e puri è un atto di adorazione che ti avvicinerà ad Allah, e qualcosa per cui sarai ricompensato.

Il Profeta Maometto La Pace Sia Su Di Lui ci ha insegnato a rimuovere le impurità da noi stessi. Ci hanno insegnato a fare il Wudu (abluzione) prima di ogni Preghiera, e assicurarci che ogni parte del nostro corpo che dovrebbe essere toccata dall'acqua, sia toccata dall'acqua. Il Profeta Maometto La Pace Sia Su Di Lui amava il profumo e avere un buon odore, per amore di Allah. Il Profeta Maometto La Pace Sia Su Di Lui ci ha insegnato a pulirci dopo aver usato il bagno, a tagliare le unghie di mani e piedi, a lavarci le mani prima e dopo aver mangiato, e a mantenere denti e gengive sani, e un buon alito lavando i denti e usando il miswak. Se mangi l'aglio crudo, non andare in Moschea e non riunirti con la gente, perchè potrebbe essere offensivo. Facciamo tutto questo per amore di Allah, così da essere preparati ad incontrarlo.

Fine.

www.ingramcontent.com/pod-product-compliance
Lightning Source LLC
LaVergne TN
LVHW070219080526
838202LV00067B/6860